AF503964

EXERCICES

DE

GRAMMAIRE FRANÇAISE

par Léon CLÉDAT

Professeur à la Faculté des Lettres de Lyon
Lauréat de l'Académie française

COURS ÉLÉMENTAIRE

Conforme à la Circulaire ministérielle du 27 avril

LIVRE DE L'ÉLÈVE

PARIS
EMILE BOUILLON, ÉDITEUR
67, Rue Richelieu, 67

LYON
PALUD, ÉDITEUR
6, Rue de la Bourse

1891

EXERCICES

DE GRAMMAIRE FRANÇAISE

———

LIVRE DE L'ÉLÈVE

EXERCICES

DE

GRAMMAIRE FRANÇAISE

par Léon CLÉDAT

Professeur à la Faculté des Lettres de Lyon
Lauréat de l'Académie française

COURS ÉLÉMENTAIRE

Conforme à la Circulaire ministérielle du 27 avril 1891

LIVRE DE L'ÉLÈVE

<table>
<tr><td>PARIS
ÉMILE BOUILLON, ÉDITEUR
67, Rue Richelieu, 67</td><td>LYON
PALUD, ÉDITEUR
6, Rue de la Bourse</td></tr>
</table>

1891

AVERTISSEMENT DE L'ÉDITEUR

La *Grammaire élémentaire* de M. Clédat, dont ce livre n'est que l'application au cours élémentaire des écoles, a reçu de la critique l'accueil le plus favorable. Voici quelques extraits des appréciations qui en ont été faites :

Opinion de M. MICHEL BRÉAL

M. Clédat change l'ordre des matières avec toute raison, et tient un langage beaucoup plus clair que la plupart de ses confrères. C'est là un double progrès, et je n'hésite pas à prédire à la nouvelle *Grammaire* un vrai succès.

Article de M. JEAN FLEURY, *lecteur à l'Université de Saint Pétersbourg*

Faire un livre élémentaire ne semble une tâche facile qu'à ceux qui n'ont pas essayé, ou qui ne se sont pas trouvés dans l'obligation d'enseigner les éléments des sciences, la grammaire surtout, à de tout jeunes enfants de manière à les intéresser à cette étude et à la leur faire aimer. On ne réussit, dans ces sortes d'ouvrages, que lorsqu'on a commencé par les pratiquer avant de les écrire. C'est ainsi que s'est trouvé fait le petit volume de M. Clédat. L'auteur ne s'est pas assujetti à l'ordre ordinaire des livres faits pour des élèves plus avancés. On ne peut que l'en louer.

Il est certain que ceux qui enseigneront d'après le livre de M. Clédat réconcilieront les enfants avec une étude qui passe pour fastidieuse, et pourront se convaincre qu'il n'est nullement difficile d'intéresser les enfants à la grammaire et même de les passionner pour cette étude.

La Grammaire élémentaire de M. Clédat nous semble donc recommandable à tous égards.

Journal de Saint-Pétersbourg, 6 (18) juin 1890.

Article de M. MARIUS SEPET, *de la Bibliothèque Nationale de Paris*

.... Un double moyen de progrès pour l'enseignement de la grammaire française, c'est d'une part, au moment voulu, la mise en œuvre judicieuse et prudente des résultats acquis par les progrès de la linguistique, et, d'autre part, dès le début, l'observation sagace et pratique de la façon dont s'exercent et se développent la mémoire et l'intelligence dans les jeunes esprits. Le premier moyen est entièrement à la disposition de M. Léon Clédat, l'un des maîtres les plus distingués de la nouvelle école française de philologie romane. Mais c'est avec raison le second qu'il a employé dans sa *Grammaire élémentaire*. Le nom de l'auteur, ses précédents travaux et ses qualités connues demandent que le livre soit sérieusement signalé aux instituteurs, et que cette indication ne soit point négligée par eux.

Le Monde, 15 septembre 1890.

Appréciation du POLYBIBLION
(*Novembre 1890*, page 423.)

La Grammaire de M. Clédat, dont nous avons toujours apprécié les travaux avec une estime particulière, est destinée aux écoles primaires. Il l'avait rédigée pour ses propres enfants, l'a expérimentée sur eux, et « adaptée au développement progressif de leur esprit. » Par suite il n'a pas observé l'ordre théorique des parties du discours. Il commence par le nom, l'adjectif et le verbe, et il approfondit la théorie de ces trois mots avec les explications les plus simples et les plus ingénieuses que nous ayons depuis longtemps rencontrées dans une grammaire de ce genre.... Dans le livre du maître M. Clédat a pris soin de dire ce qu'on pouvait passer dans un premier cours, de façon à mettre le livre à la portée des plus jeunes intelligences. Nous applaudissons vivement à sa tentative de donner moins de définitions que d'exemples.

Article de M. G. STREHLY, *Professeur au lycée Louis-le-Grand*

Nous n'avons pas affaire ici à un de ces traités qui ne sont élémentaires que par le titre et le format, je veux dire qu'ils sont l'abrégé d'un travail antérieur plus complet, dont ils gardent d'ailleurs la forme scientifique rendue encore plus abstraite par la brièveté du résumé. La petite grammaire de M. Clédat est conçue dans un excellent esprit pédagogique. L'auteur l'avait destinée à l'éducation de ses propres enfants et commencée sans être sûr de la publier plus tard. Aussi a-t-il soigneusement évité tout ce qui de près ou de loin ressemble à de la science *à priori*.

Il a procédé par la méthode expérimentale, et le plan de son ouvrage nous conduit du connu à l'inconnu, du simple au composé. D'ailleurs toutes les définitions, toutes les explications sont d'une clarté parfaite, je dirai presque enfantine, qui les rend accessibles aux plus jeunes intelligences ; l'auteur en a soigneusement banni toute terminologie technique capable de rebuter un commençant. Nous croyons donc que cet ouvrage est appelé à rendre de véritables services à l'enseignement ; l'auteur, habitué à discuter les problèmes les plus ardus de la philologie romane, a montré ici qu'une érudition supérieure peut se concilier avec des aptitudes pédagogiques très réelles.

Revue de l'enseignement secondaire et de l'enseignement supérieur, 15 mars 1890.

Article de M. DELBOULLE, *Professeur au lycée
du Havre*

M. Clédat a composé cette grammaire élémentaire
pour ses enfants, et c'est sur eux qu'il l'a expérimentée.
Il a su, comme dit Montaigne, « se ravaler pour s'accom-
moder à leur force, à leurs allures puériles.». C'est pour-
quoi il a réussi à faire pour les débutants un petit livre
à la fois simple et original, et d'autre part à donner
d'excellents conseils à ceux qui sont chargés d'enseigner
les premières notions du français.

Le tort de beaucoup de grammairiens est de supposer
des connaissances *a priori* chez l'enfant : ou ils fabriquent
pour lui des définitions exprimées dans des termes abs-
traits qu'il peut retenir, (car la mémoire à cet âge est la
principale faculté), mais qu'il ne comprend pas, ou ils
donnent aux règles une expression synthétique sans les
rattacher à un fait déjà connu, c'est-à-dire qu'ils posent
à l'enfant des problèmes qu'il n'est pas encore en état de
résoudre. M. Clédat en donne des preuves frappantes, et
il a raison d'insister pour qu'on lui ménage les mots abs-
traits, les exceptions, les difficultés grammaticales. Quand
il aura grandi, et que son jugement sera développé par un
petit nombre de connaissances bien digérées et solide-
ment acquises, il pourra alors aborder les complications
délicates de l'orthographe, mais en attendant il faut le
promener sur un grand chemin uni, où il n'y a ni ronces
ni épines. J'ai relu cette grammaire plusieurs fois dans
l'intention de faire à l'auteur quelques objections de
détail, mais le tout est si raisonnable, si juste, si bien
marqué au coin de l'expérience, et particulièrement
les chapitres qui traitent du verbe, que je ne trouve rien
autre chose à dire que la recommander aux maîtres et
maîtresses des écoles.

Revue critique d'histoire et de littérature,
28 juillet 1890.

EXERCICES DE GRAMMAIRE FRANÇAISE

COURS ÉLÉMENTAIRE, LIVRE DE L'ÉLÈVE

I. — *H* muette et *h* aspirée

1

Copier les phrases suivantes, en soulignant les **h** *muettes :*

Ces hommes sont hardis. Ces herbes sont hachées.

Ces hommes sont héroïques. Ces herbes sont humides.

Il faut honorer les héros. Il faut haïr le vice des hypocrites.

Les hiboux sont habitués à la nuit. Les hérons sont hauts sur leurs pattes.

Les hirondelles nichent dans les hangars. Les chevaux hennissent en sautant les haies.

II. — **Les accents**

2

Copier en soulignant les e *muets :*

Je vois le soleil se lever.

Les boulangers cuisent le pain.

Ce porte-monnaie est vide.

La mer est couverte de navires.

Ma sœur berce mon jeune frère.

J'ai eu de belles étrennes.

3

Copier les mots suivants, en les disposant en trois colonnes, la 1re pour les mots qui ont l'accent *aigu, la 2ᵉ pour ceux qui ont l'accent grave, la 3ᵉ pour ceux qui ont l'accent circonflexe :*

Il quête ; il mérite ; il achète ; il s'inquiète ; il s'éveille ; il prête ; il rêve ; il se lève ; il réussit.

Un kilomètre ; le bien-être ; le péril.

Un château ; une hyène ; une côte ; une île ; un récit ; la colère ; le succès ; les mariés ; les ondées.

4

Dans tous les mots suivants, les e non muets sont remplacés par des points. Copier, en remplaçant le point par un e non accentué quand cette voyelle est suivie d'une consonne qui termine le mot ; partout ailleurs remplacer le point par un e surmonté de l'accent aigu.

Nous allons chant.r ; chant.z le premi.r. Quand nous aurons chant., nous irons nous amus.r dans l.s bois.

Pour conserv.r la sant., vous mèner.z une vie bien r.gl.e.

Mon ami Alfr.d a un oiseau à gros b.c.

C.s grains de bl. sont plus beaux que ceux de l'ann.e pr.c.dente.

Un ch.f-d'œuvre. Le n.z du chat. La cl. de la maison. Un bouqu.t soign.. Un pêch.r charg. de fruits.

5

Copier, en remplaçant les points par un e non accentué, quand cette voyelle est suivie de deux consonnes ou d'un x ; partout ailleurs, remplacer les points par un e surmonté de l'accent aigu :

.V.rit. ; v.rtu ; p.rle ; p.ril ; .xamin. ; .t.rnit..

Un pr.c.pte de morale : d.t.ste le mal.

Le soldat .st cas.rn. ; il obs.rve la discipline ; quand il a fait son temps de s.rvice, il recouvre sa lib.rt..

La b.lle saison. Le chat a gu.tt. la souris. Les enfants des deux s.xes.

Les oiseaux sont les .nnemis des ins.ctes.

6

Copier en complétant :

Dans le mot *caserne*, le premier *e* ne prend pas d'accent parce qu'il est suivi de deux consonnes ; le second n'en prend pas parce que c'est un *e* muet.

Dans le mot *portier*, l'*e* ne prend pas d'accent parce qu'il est suivi d'une consonne qui termine le mot.

Dans le mot *exercice*, le premier *e* ne prend pas d'accent parce que..........; le second n'en prend pas parce que..........; le troisième n'en prend pas non plus parce que c'est..........

6 *bis*

Copier en complétant :

Dans le mot *tournée*, le dernier *e* ne prend pas d'accent parce que c'est un *e* muet; le premier *e* prend un accent aigu parce qu'il est suivi d'un *e* muet.

Dans le mot *pâté*, l'*e* prend un accent aigu parce qu'il termine le mot et qu'il n'est pas muet.

Dans le mot *peste*, le premier *e*......; le second......

Dans le mot *vérité*, le premier *e* prend un accent parce qu'il est suivi d'une seule consonne qui ne

termine pas le mot; le second *e* prend un accent
aigu parce que.....

Dans le mot *père*, le premier *e* prend un accent
parce qu'il est suivi d'une seule consonne qui ne termine pas le mot ; le dernier..........

6 *ter*

*Dans les mots qui suivent, remplacer les points
par un è surmonté d'un accent grave quand cette
voyelle est suivie de deux consonnes dont la seconde
est l ou r ; remplacer les points par un e sans accent
quand cette voyelle est suivie de deux consonnes dont
la seconde n'est pas l ou r ou quand elle est suivie
de plus de deux consonnes :*

Une n.fle v.rte. Les tén.bres de la cav.rne.
Une asp.rge. Un archit.cte. Un c.dre.
Une r.gle f.rme. Une cit.rne. Une aub.rge.
Le tr.fle ; l'h.rbe ; un ci.rge.
Un m.tre d'étoffe. Un sc.ptre royal.

III. — Noms et adjectifs. Noms propres

7

*Substituer en copiant, au commencement des noms
propres, une grande lettre à la petite :*

Le rhône et la seine sont de grands fleuves.
Mon ami pierre et ma sœur jeanne sont arrivés. .
Mon voisin paul durand est un bon garçon.
La ville de paris est la capitale de la france.
Le général bonaparte a passé les alpes.
La ville d'orléans que jeanne. d'arc enleva aux
anglais.
Pour aller de bordeaux à madrid il faut passer
les pyrénées.

8

*Copier, en soulignant une fois les adjectifs et
deux fois les noms :*

Les enfants sages sont plus heureux que les mauvais sujets.

Ma jeune sœur a un beau nom, Jeanne.

Les grands chiens sont souvent plus doux que les petits.

Les petits ruisseaux font les grandes rivières.

Le jardin de mon père est plein de jolies roses.

Mon cher ami Paul aime les cahiers roses.

Henri aime la bonne odeur des violettes blanches.

Il y a de l'encre noire et de l'encre violette.

Le lait est blanc. Le blanc de l'œuf est lourd.

IV. — Notions générales sur le verbe

9

*Copier en remplaçant les points par les mots qui
manquent :*

Le soleil est brillant. Le mot ... indique que
l'adjectif *brillant* se rapporte au nom *soleil*. Ce mot
est donc un .....

Georgette sera belle. Le mot ... indique que
l'adjectif *belle* se rapporte au nom *Georgette*. Ce
mot est donc un .....

Mon frère a été content. Les mots... indiquent que
l'adjectif *content* se rapporte au nom *frère*. Ces
mots sont donc un .....

La lune est pâle. Le mot *est* indique que l'adjectif... se rapporte au nom ... Ce mot est donc un .....

Mon père avait été malade. Les mots *avait été*
indiquent que l'adjectif ... se rapporte au nom ....
Ces mots sont donc un .....

10

Copier en remplaçant les points par les mots qui manquent :

Le chien aura de la soupe. Le mot ... est un verbe parce qu'il indique que le chien aura quelque chose.

Paul a eu des prix. Les mots ... sont un verbe parce qu'ils indiquent que Paul a eu quelque chose.

Je saute. Le mot ... est un verbe parce qu'il indique ce que je fais.

Le chien jappera. Le mot ... est un verbe parce qu'il indique ce que le chien fera.

Le maître a parlé. Les mots ... sont un verbe parce qu'ils indiquent ce que le maître a fait.

Mon frère a ri. Les mots *a ri* sont un verbe parce que ....

Les poules couvent. Le mot *couvent* est un verbe parce que ....

11

Copier, en soulignant les verbes :

Paul avait été désobéissant, et le maître l'avait puni. Aussi il était mécontent.

Il sortait de l'école, et il avait ses livres sous le bras, quand il rencontra un chien qui passait.

Il courut vers lui et lui donna des coups. Mais le chien le mordit, et les livres de Paul tombèrent à terre.

Quand il rentra à la maison, il fut grondé par son père. Mais il promit qu'il serait plus sage le lendemain.

12

Faites des phrases avec les mots qui suivent, en les plaçant dans l'ordre convenable :

Content, je, de toi, suis.

Tu, la soupe, manges.

Blanc, le drapeau, bleu, est, et rouge.

Tu, demain, un livre, achèteras.

Paul, hier, le chien, a mordu.

Au pauvre, a donné, Pierre, son pain.

13

Copier et apprendre par cœur :

> Je suis sage
> Tu es sage
> Il *ou* elle est sage
> Nous sommes sages
> Vous êtes sages
> Ils *ou* elles sont sages.

Je suis, tu es, il est,
Nous sommes, vous êtes, ils sont.

14

Copier, en remplaçant les points par le verbe, tel qu'il est indiqué dans l'exercice précédent :

La maîtresse ... contente de ses élèves.

Pierre et Paul ... joyeux.

Ton frère et toi, vous ... bien récompensés.

Nous ... heureux de faire plaisir à nos parents.

Tu ... plus petit que ton cousin.

Je ... pressé d'arriver à l'école.

15

Copier et apprendre par cœur :

> J'ai des livres
> Tu as des livres

Il *ou* elle a des livres
Nous avons des livres
Vous avez des livres
Ils *ou* elles ont des livres.

J'ai, tu as, il a,
Nous avons, vous avez, ils ont.

16

Copier, en remplaçant les points par le verbe qui manque. On choisira le verbe dans les exercices 13 et 15.

Je ... fatigué ; j'... sommeil.
Pauline ... une robe neuve ; elle ... toute fière.
Nous ... contents parce que notre petit frère ... des prix.
Emile et sa sœur ... un tricycle à deux places.
Tu ... un cahier qui ... taché d'encre.
Nous ... deux chiens qui ... méchants.
Je sais que vous ... des pommes à vendre.

16 *bis*

Faites des phrases avec les mots qui suivent, en les plaçant dans l'ordre convenable, et en ajoutant le verbe qui manque. On choisira le verbe parmi ceux-ci : a puni, sortira, aime, porte, donner, faire, font.

A ses clients, son pain, le boulanger.
Le dimanche, à courir, Pierre, dans les bois.
Cet écolier, le maitre, paresseux.
Du lycée, jeudi, mon frère, demain.
Avec soin, il faut, son exercice.
Les grandes, les petits, rivières, ruisseaux.
Aux malheureux, des secours, on doit.

17

Dans les phrases suivantes, remplacer les points par et *ou par* est.

On met et *quand on peut dire :* et puis.

Pierre ... docile ... attentif.

Emile ... Jacques sont arrivés, ... ils veulent jouer avec nous.

Ma sœur sait chanter ... jouer du piano.

Mon père ... ma mère savent que mon frère ... puni.

J'aime la promenade ... le jeu.

Mon cousin ... content de se retrouver avec ses camarades Adolphe ... Gustave.

V. — Genre des noms de personnes. — Genre des noms d'animaux ou de choses commençant par une consonne.

18

Copier les noms qui suivent, en indiquant s'ils sont masculins ou féminins :

Père, nom masculin.	Marchande, ...
Mère, nom féminin..	Servante,..... ....
Sœur, ...	Garçon, ...
Frère,........	Maître, ...
Fils, ...	Maîtresse, ...
Fille, ...	Boucher, ...
Pauline, ...	Tailleur, ...
Etienne, ...	Couturière, ...

19

Copier les noms ci-dessous, en plaçant devant chacun d'eux l'article le *ou l'article* la, *suivant qu'ils sont masculins ou féminins :*

La porte	... honte	... poulet
... portail	... corde	... poule
... livre	... cordon	... hibou
... classe	... ficelle	... tonneau
... cour	... fil	... branche
... jardin	... table	... feuille
... maison	... nappe	... tableau
... route	... banc	... plume
... loup	... pain	... porte-plume
... hareng	... soupe	... crayon

20

Recopier tous les noms de l'exercice précédent, en plaçant devant chacun d'eux l'article un *ou l'article* une.

21

Recopier tous les noms de l'exercice 19, en plaçant devant chacun d'eux ce *ou* cette.

22

Placer en colonne tous les mots des phrases qui suivent, en indiquant pour chacun d'eux si c'est un verbe, un article, un adjectif ou un nom. Pour les articles et les noms, on marquera s'ils sont masculins ou féminins, comme il est indiqué pour la première phrase :

1. Le maître a été sévère.
Le, article masculin.
Maître, nom masculin.
A été, verbe.
Sévère, adjectif.

2. Le prunier a une branche sèche.
3. Le boulanger fait du pain.
4. Le renard a mangé une poule.
5. Un nuage sombre cache les cieux.

VI. — Genre des noms d'animaux ou de choses commençant par une voyelle. — Le verbe (*Suite*).

23

Copier en remplaçant les points par les mots qui manquent :

Heure est un nom féminin, parce qu'on dit une grande heure.

Habit est un nom masculin parce qu'on dit ... bon habit.

Étrenne est un nom ..... parce qu'on dit ... petite étrenne.

Arbre est un nom ..... parce qu'on dit ... petit arbre.

Encre est un nom ..... parce qu'on dit ... mauvaise encre.

Encrier est un nom ..... parce qu'on dit ... mauvais encrier.

Assiette est un nom ..... parce qu'on dit.........

Éventail est un nom ..... parce qu'on dit........:

Hiver est un nom ..... parce qu'on dit..........:

Oreille est.........

Oreiller est.........

24

Placer l'adjectif démonstratif masculin ou fémi-nin devant les noms qui suivent, après avoir préala-

blement cherché le genre de chacun d'eux comme on a appris à le faire par l'exercice 23.

L'élève commencera par dire à part lui : « éclair est masculin parce qu'on dit *un* grand éclair », et alors il écrira : cet éclair.

Cette échelle.	... observation.	. . usage.
Cet échelon.	... occasion.	... univers.
... éclair.	... éclat.	... utilité.
... image.	... école.	... amitié.
... ignorance.	... écorce.	... année.

25

Placer l'article un *ou* une *devant les noms qui suivent, après avoir cherché le genre de chacun d'eux :*

... amende.	... inquiétude.	... armée.
... amusement.	... idole.	... ornement.
... écho.	... illumination.	... ourlet.
... idée.	... obstacle.	... ouverture.
... honneur.	... occupation.	... ouvrage.

26

Ecrire les noms des exercices 24 et 25 en les faisant précéder de l'article l'.

26 *bis*

Mettre en colonne les mots des phrases suivantes, en indiquant ce qu'est chacun d'eux, et en marquant le genre des noms, adjectifs et articles :

Cette abeille fait du miel.

Cet animal porte un énorme fardeau.

Paul a donné une étrenne au domestique.

Le pauvre mendiant chante un air triste.

27

Copier :

Hier je chantais

Hier tu chantais

Hier il *ou* elle chantait (quand on parle d'une seule personne).

Hier nous chantions

Hier vous chantiez

Hier ils *ou* elles chantaient (quand on parle de plusieurs personnes).

28

Copier en complétant :

Hier j'étais heureux,	j'avais un ami
Hier tu ét... heureux,	tu av.. .. ...
.... il	il ....
.... nous	nous .. ..
.... vous	vous .. ..
.... ils	ils ... .

29

Copier en complétant :

Je	sortirais	si je	voulais
Tu	sortirais	si tu	....
Il	sortirait	s'il	....
Nous	sortirions	si nous	....
Vous	sortiriez	si vous	....
Ils	sortiraient	s'ils	....

30

Copier en complétant d'après les exercices précédents :

Si j'étais sage, mon père me récompenser... .

Pierre et Paul viendr... me voir s'ils ét... les maîtres.

Tu saur... lire si tes parents t'av... envoyé à l'école.

Si vous av... crié, nous aur... été découverts.

Vous ser... instruits, si vous voul... être attentifs.

Si Jacques buv... trop d'eau, il ser... malade.

VII. — Genre des adjectifs

31

Copier en remplaçant les points par les mots qui manquent :

La forêt est profonde. *Profonde* est un adjectif féminin parce qu'il se rapporte au nom *forêt*, qui est féminin.

Un jeu bruyant. *Bruyant* est un adjectif .... parce qu'il se rapporte au nom .... qui est ....

Un vieux chapeau. Le mot .... est un adjectif ... parce qu'il se rapporte au nom .... qui est ....

La pendule dorée. Le mot .... est un adjectif .... parce qu'il se rapporte au nom .... qui est ....

Une grande joie. *Grande* est un adjectif .... parce qu'il ....

Un beau jour. Le mot .... est un adjectif .... parce qu'il ....

32

(Sur les adjectifs qui se prononcent de même au masculin et au féminin).

Mettre au féminin, dans la colonne de droite, les adjectifs qui sont au masculin dans la colonne de gauche.

Un joli coq	Une *jolie* poule
Le train direct	La route....

Un vrai diable	Une.... perfection
Cet homme est bien vêtu	Cette femme est bien....
Un fruit cru	Une pomme....
Un devoir correct	Une dictée....
Un congé général	Une retenue....
Il est seul	Elle est....
Le jour est clair	La lune est....
Le chien noir	La chienne....
Du vin pur	De l'eau....
Un abricot mûr	Une pêche....

VIII. — **Genre des adjectifs** (*suite*)

33

Redoublement de l'n

Copier, en remplaçant les points par la consonne redoublée quand il y a lieu (après e et o), et en supprimant purement et simplement le point quand on ne doit pas redoubler la consonne.

Une parole hautain.e ; la religion chrétien.e ; une nuit serein.e.

Une barbe brun.e ; la maison voisin.e ; une étoffe ancien.e ; une bon.e soirée.

La langue gascon.e ; une feuille jaun.e ; une contrée lointain.e ; la mode parisien.e.

Une nourriture sain.e ; une mignon.e enfant ; les peintures ancien.es.

La place commun.e ; une chatte câlin.e ; une pluie diluvien.e ; une ville breton.e.

34

Redoublement de l'l

Même exercice sur les membres de phrases suivants :

La tendresse paternel.e ; une joie fol.e ; une action vil.e.

La musique vocal.e ; une bel.e plante ; sa seul.e punition.

Une conduite viril.e ; une récompense général.e; une pâte mol.e.

Une fête annuel.e ; une nourriture frugal.e ; une réponse subtil.e.

Une bataille naval.e ; une réflexion puéril.e; l'assistance mutuel.e.

35

Redoublement du t.

Même exercice.

Ma petit.e sœur ; une route plat.e ; une mine pâlot.e.

Une échelle droit.e ; une taille haut.e; une sot.e personne.

Une maison net.e; une bête brut.e; une réunion dissout.e ; une rue étroit.e.

Des pommes de terre frit.es ; une coiffure coquet.e; une femme adroit.e ; une pomme cuit.e.

Une démarche vieillot.e; une poire confit.e; une tenue propret.e ; une parole maladroit.e; écouter d'une oreille distrait.e.

36

Même exercice.

Une table commod.e ; une réponse sot.e; une femme économ.e; une cire mol.e; une petite fille myop.e; une voix sonor.e; une plaisanterie bouffon.e; une veste tricolor.e.

De l'eau tièd.e; une lettre brèv.e; une taille fluet.e; une peur extrêm.e; ta cousine est maigrelet.e; une liqueur amèr.e; les cérémonies païen.es; une démarche légèr.e; une peine cruel.e.

37

Copier, en mettant au féminin dans la colonne de droite les adjectifs dont on a le masculin dans la colonne de gauche.

Un mur *blanc*	Une page blanc..
Un spectacle *curieux*	Une cérémonie ....
Un calcul *faux*	Une addition ....
Un poil *roux*	Une tache ....
Un cheval *doux*	Une bête ....
Un *vieux* donjon	Une .... tour
Un drap *épais*	Une étoffe ....
Un temps *frais*	Une nuit....
Un homme *actif*	Une femme ....
Un *beau* cadeau	Une .... récompense
Mon *cher* papa	Ma .... maman
Un chapeau *pointu*	Une tourelle ....
Mon cousin est *malade*	Ma cousine est ....

38

Copier en mettant au masculin, dans la colonne de droite, les adjectifs qui sont au féminin dans la colonne de gauche :

Toute la maison	Tou. le pays
Une mine confuse	Un air ....
La tête nue	Le bras ....
Une chienne enragée	Un chien ...
Une étoffe légère	Un drap ....
Une ville laide	Un pays ...
Une taille fluette	Un corps ....
Une mauvaise conduite	Un ...... commencement
Une crème épaisse	Un mur ....
Une redingote grise	Un paletot ....
Une démarche hardie	Un coup de main ....
Une gentille robe	Un .... garçon

39

Même exercice. Copier en complétant :

Une maison décrépite	Un mur ....
Une bête engourdie	Un animal ....
Une conduite indécise	Un caractère ....
Une grosse pomme	Un .... morceau
Une soupe chaude	Un dîner ....
Une montagne haute	Un clocher ....
Une fleur éclose	Un bouton ....
Elle est bien lasse	Il est bien ....
Une fille ingrate	Un fils ....
Une mine sournoise	Un regard ...
Une rue étroite	Un chemin ....
Une volaille froide	Un poulet ....

40

Même exercice. Copier en complétant :

Une grande chambre	Un .... vestibule
Une surface plane	Un miroir ....
Une femme savante	Un homme ....
Une guérison lente	Un mouvement ....
Une réussite certaine	Un succès ....
Une porte peinte	Un volet ....
Une moustache blonde	Un teint ....
Une leçon longue	Un devoir ....
Une lourde voiture	Un .... chariot
Une robe courte	Un pantalon ....
Une feuille verte	Un arbre ....
Une pensée perverse	Un esprit ....
Une mère fière de son fils	Un père .... de son fils
Une voix criarde	Un ton ....

41

Copier en complétant :

Une fille craintive	Un garçon .. .
Il a la vie sauve	Il est sain et ....
Une armée brave	Un soldat ....
Une chevelure blanche	Du linge ....
Une allure franche	Un visage ....
Une fille gourmande	Un garçon ....
Une nation riche	Un peuple ....
Une matinée fraiche	Un vent ....
Une fleur sèche	Un arbre ....
Une église neuve	Un hangar ....
Une arrivée tardive.	Un départ ....
Une question naïve	Un étonnement ....

42

Copier en complétant :

La lune rousse	Un taureau ....
Toute la classe	.... le temps
Une figure douce	Un œil ....
Une vieille poule	Un .... coq
Une jument ombrageuse	Un cheval ....
Une petite fille jalouse	Un caractère ....
Une mine boudeuse	Un enfant ....
Une maladie sérieuse	Un accident ....
Une route boueuse	Un chemin ....
Une saison rigoureuse	Un hiver ....

43

Copier en complétant :

Une belle victoire	Un .... cheval
Une salade fraiche.	Un œuf ....
Une fausse barbe	Un .... nez
Une belle histoire	Un .... récit

Une température fraîche   Un air ....
La nouvelle année   Le .... maire
Une terre molle   Un terrain ....
Une crainte folle   Un mal de tête ..
Une fausse joie   Un .... bruit
Une mode nouvelle   ⸰ Un élève ....
Une poire molle   Du fromage ....

44 et **45**

Copier, en remplaçant les points par les lettres finales qui manquent ou en les supprimant quand il ne manque rien. Quand on ajoute une consonne après é ou è, il faut supprimer l'accent.

Un pays étrangé. ; un homme âgé. ; un fruit aigrelè. ; un homme lai. ; le drapeau françai. ; un chien enragé. ; un devoir bien fai..

Un garçon nigau. ; un gro. rhume; un homme idio. ; un bouton éclo. ; un récit fau. ; un beau. soir.

Un cheveu blan. ; un astre brillan. ; un cuisinier gourman. ; un feu arden..

Un vêtement tein. ; un dîner fin. ; un fait certain. ; un sain. personnage ; le courage alsacien..

Un ruisseau profon. ; un lon. voyage ; un bon. chat : un visiteur importun..

45

Un cheval rou. ; du fromage mou. ; tou. le pays; un heureu. temps ; un vin vieu..

Un mot bien lu. ; un air confu. ; un animal repu..

Un élève genti. ; un poisson fri. ; un bras engourdi. ; un dessert exqui..

Un terrain pla. ; le bœuf gra. ; un ouvrier adroi. ; l'air est froi. ; un costume chinoi..

Un hiver sec. ; un employé actif. ; un homme sour. ; un devoir cour. ; un ciel pur. ; son voisin est mor..

Un portail ouver. ; un bijou cher. ; un orateur bavar. ; du foin épar..

IX. Idée générale du nombre.

46

Copier, en complétant :

Dans *les beaux fruits*, *fruits* est un nom masculin parce qu'on dit *un fruit*, il est au pluriel parce qu'on parle de plusieurs fruits ; *beaux* est un adjectif masculin pluriel parce qu'il se rapporte au nom *fruits*, qui est masculin pluriel.

Dans *ce banc*, *banc* est un nom.... parce qu'on dit...., il est au.... parce qu'on parle de....; *ce* est un adjectif démonstratif.... .... parce qu'il se rapporte au nom...., qui est.... ....

Dans *les grands chevaux*, *chevaux* est un nom.... parce qu'on dit...., il est au pluriel parce qu'.... ....; *grands* est un adjectif........ parce qu'.... ....; *les* est un article........ parce qu'il se rapporte aussi au nom........

47 et 48

Analyser chaque phrase comme il est indiqué pour la première :

1. Les arbres ont des feuilles vertes.

Les	article masc. plur., se rapporte à *arbres*
arbres	nom masculin pluriel
ont	verbe
des	article fém. plur., se rapporte à *feuilles*
feuilles	nom féminin pluriel
vertes	adjectif fém. plur., se rapporte à *feuilles*

2. Ce cahier est neuf, les pages sont blanches.

3. Le petit Paul caresse les beaux chiens.

4. Le bon papa a porté des gâteaux aux enfants sages.

5. Cette journée sera belle, les gros nuages sont dissipés.

49 et 50

Même exercice sur les phrases qui suivent :

1. La pluie commence, les grosses gouttes tombent sur la tête nue.

2. Ces méchants garçons battent les pauvres chiens.

3. Le vigneron arrache les vieilles vignes et soigne les nouvelles.

4. Les nouvelles du jeune malade sont mauvaises.

X. Orthographe du pluriel.

51

Mettre au pluriel tous les mots qui suivent :

Une montagne élevée.   Au garçon de l'hôtel.
Le grand arbre.   Cet ami complaisant.
La petite table.   Un ami véritable.
Le sommet du clocher.   Cette fête de l'école.
Au second banc.   Le meilleur vin.
A la troisième place.   La bonne nouvelle.
Ce méchant chien.   Une partie engagée.
Cette méchante bête.   La leçon du maître.

52

Noms et adjectifs qui ont le singulier en eu, eau au.

Mettre au pluriel tous les mots qui suivent :

Le nouveau cahier.
Un livre hébreu.
Un feu lointain.
Ce grand pot.
Le petit veau.
Un clou solide.
Un abricot mûr.
Un ruisseau rapide.

Un cheveu noir.
Un tuyau long.
Un fléau terrible.
Ce beau paletot.
Un adieu triste.
Un bateau profond.
Un sou neuf.
Un goulot étroit.

53

Mettre au pluriel tous les mots qui suivent :

Un nœud serré.
Un feu ardent.
Un bœuf échappé.
Un jeu bruyant.
Un œuf gâté.
Un aveu tardif.

Le ciel étoilé.
L'œuf de la poule.
Un essieu cassé.
Un nœud au chapeau.
Un enjeu important.
Un œil brun.

54

Mettre au pluriel tous les mots qui suivent :

Un bal brillant.
Un cheval blanc.
L'ancien carnaval.
Un cocher brutal.
Le drapeau national.
Le journal quotidien.
Un détail nouveau.
Un vitrail brisé.

Un ennemi loyal.
Le tribunal civil.
Le grand portail.
Un soupirail étroit.
L'hôpital militaire.
Un épouvantail utile.
Un travail pressé.
Un métal résistant.

55

Copier, en remplaçant les points par les lettres qui manquent :

Des fruit... amer...
Des pomme... amèr...
Des fêtes solennel...

Les travau... champêtre..
Les étoffe... oriental..
Des figure... amaigri...

Les bras nu...	Les leçon... paternel...
Les jambes nu...	Les pot... cassé...
Des parole... cordial...	Des fenêtre... pavoisé...
Des fleurs varié...	Des glace... terni...
Des liqueur... bleu...	Des côtelette... paré...

55 *bis*

Mettre au féminin pluriel tous les mots qui suivent, en remplaçant coq *par* poules, jour *par* journées, garçon *par* filles, *etc. On écrira* : des poules hardies, *etc.*

Un coq hardi.	Un homme loyal.
Un garçon brutal.	Un père sévère.
Un homme aimable.	Un jour clair.
Un chien fidèle.	Un garçon distingué.
Ce roi cruel.	Un chat rabougri.
Un frère aimé.	Un oncle gai.

56

Copier, en mettant au masculin pluriel, dans la colonne de droite, les adjectifs qui sont au féminin singulier dans la colonne de gauche :

Une punition générale.	Des compliments ....
Une casquette verte.	Des bancs ....
Une bête gourmande.	Des animaux ....
Une maîtresse savante.	Des professeurs ....
Une pierre lourde.	Des fardeaux ....
Une journée courte.	Des jours ....
Une voiture neuve.	Des habits ....
Une belle montre.	De .... souliers.
Une page blanche.	Des murs ....
La dernière dictée.	Les .... devoirs.
Une route déserte.	Des chemins ....
Une robe chaude.	Des vêtements ....
Une mère chérie.	Des parents ....
Une mine contrite.	Des airs ....

XI. — **Noms et adjectifs qui ne changent pas au pluriel**

57 et 58

Mettre au singulier tous les mots qui suivent :

Ces toits rouges. Ces fenêtres vertes. Les vins vieux. Des cris joyeux. Des exclamations joyeuses. Des fruits doux. Des foies cuits. Des maisons louées. Des hommes jaloux. Des écrans lumineux. Des amusements dangereux. Les contrées lointaines. Des chèvres égarées. Des amis faux. Les nuages noirs.

58

Des poils roux. Des lits mous. Les intérêts généraux. Des forêts sombres. Des emplois agréables. Les fils électriques. Les enfants reconnaissants. Des oublis impardonnables. Des reproches injustes. Les nuits longues. Des caractères heureux. Les roses blanches. Des yeux gris. Les jours écoulés. Des regards mauvais.

59

Mettre au singulier tous les mots qui suivent :

Des petits pois. Les poids et les mesures. Les rois et les ducs. Des jeux cruels. Des vitraux clairs. Des pays lointains. Des brebis égarées. Les plis des vêtements. Des radis noirs. Des bois touffus. Des emplois bien payés. Des fils obéissants. Des mépris immérités. Les nuits d'hiver. Les puits comblés.

60 et 61

Mettre au singulier tous les mots qui suivent :

Ces lilas frais. Des résédas odorants. Des camélias rouges. Des plats copieux. Des repas mauvais. Des

draps blancs. Des pas précipités. Des chats câlins.
Des bras nerveux. Ces palais royaux. Ces essais
malheureux. Des progrès rapides.

61

Les jours gras. Les discours éloquents. Les
secours nécessaires. Les faubourgs populeux. Des
abus persistants. Des fûts vides. Les temps anciens.
Les chants harmonieux. Des champs fertiles. Des
corps lourds. Des cors de chasse. Des ports mili-
taires. Des remords cuisants. Des os desséchés. Des
eaux bourbeuses. Des mets délicats.

62

Mettre au singulier les mots suivants :

Des fous furieux. Des toux déchirantes. Des
ragoûts appétissants. Des châteaux ruinés. Des
perdrix truffées. Des tuyaux sonores. Des voix lointaines. Des soies brillantes. Des noix mûres. Des
toits moussus. Des gaz délétères. Des gazes légères.
Des nez mal dessinés. Des choix maladroits. Des
effrois instinctifs.

XII. — **Pronom.**

63

*Mettre au masculin, mais sans changer le nombre,
tous les pronoms de la 3ᵉ personne dans les phrases
qui suivent. Mettre aussi l'adjectif au masculin
quand il y a lieu.*

Elle viendra. J'ai acheté pour *elles* ce que je *leur*
donne.

Prenez *celle* que vous voudrez. *Celle-ci* vaut
mieux.

Elles m'ont écrit. Achetez *celles-ci*, et laissez *celles-là*.

Tu *la* connais. Tu *lui* as donné ce qu'*elle* t'a demandé.

Je *les* ai *mises* dans ma poche.

Je *la* cherchais et je *l'ai rencontrée.*

64

Mettre au singulier, mais sans changer le genre, tous les pronoms de la 3ᵉ personne dans les phrases qui suivent. Mettre aussi le verbe, l'adjectif et le nom au singulier quand il y a lieu.

Ils sont là. *Elles ont* soif. *Celles-ci sont heureuses.*

Je *les* aime. Prenez *celles* que vous voudrez.

Ceux que vous attendiez *sont arrivés.*

Je *leur* donne des jouets.

Ce *sont mes cousines*, je *les* reconnais.

Ce *sont mes cousins*, je *les* reconnais.

Je l'ai fait pour *elles* et non pas pour *eux.*

65

Copier, en soulignant une fois les pronoms de la première personne, et deux fois ceux de la seconde :

Si vous voulez, nous allons nous amuser ensemble. Nous nous diviserons en deux camps.

L'un de vous sera le chef des voleurs; l'un de nous sera le chef des gendarmes.

Toi, Paul, tu feras semblant de voler une pomme.

Je te poursuivrai, je t'attraperai et je t'emmènerai en prison.

Toi, Pierre, pendant que j'aurai le dos tourné, tu t'approcheras de la prison, et tu essaieras de délivrer Paul.

66

Copier en complétant :

Quand on dit : *Jeanne a rencontré Louise et elle lui a parlé, elle* est un pronom parce que ce mot remplace le nom ....; *lui* est aussi un pronom, parce que ce mot remplace le nom ....

Quand on dit : *Pierre et Paul vous appellent, allez vers eux, vous* est un pronom parce que ce mot remplace votre nom; *eux* est aussi un pronom parce que ce mot remplace les noms ....

Quand je dis : *j'ai commencé mon devoir, je le terminerai demain, j'* et *je* sont des pronoms parce qu'ils remplacent ....; *le* est aussi un pronom parce qu'il remplace le nom ....

Quand je dis : *vous avez des jouets, j'en ai aussi, vous* est un .... parce que ....
j' est un .... parce que..........
en est un .... parce que .. ..

67

Copier, en soulignant une fois les pronoms de la première personne, deux fois ceux de la seconde personne et trois fois ceux de la troisième.

On vient de me dire que mon père arrive ce soir. Veux-tu me conduire à la gare ? Il se plaindrait de n'y trouver personne. Toi et Paul vous me rendrez service en venant avec moi, et vous lui ferez plaisir. Nous reviendrons tous ensemble.

Nous avons deux espèces de fleurs. Celles-ci sont bleues, et celles-là sont rouges. Je vous en prêterai si vous le désirez. Mais vous les soignerez bien, car j'y tiens beaucoup, elles sont si belles !

Quand vous verrez mes cousins, vous leurs direz

qu'ils viennent jouer avec nous. S'ils ne veulent pas,
vous arriverez sans eux. Vous apporterez le jeu et
vous l'installerez. J'ai perdu la balle, mais je la re-
trouverai.

68

*Copier, en remplaçant les points par s ou x quand
les mots sont au pluriel, et en les supprimant
purement et simplement quand les mots sont au
singulier :*

Au printemps les feuille. sont vertes; pendant
l'automne., elle. sont jaune..

La fleur. du pêcher. est rose.. Elle. n'a aucune
odeur.

Le chien aboie quand il. sent un étranger.

Les chat. sont traitre.; il. griffent ceu. qui jouent
avec eu..

Une mère. dit à sa fille.: Il faut choisir parmi tes
camarade., et n'aller qu'avec celle. qui peuvent
te donner de bon. conseil.. S'il y en a une qui ait
l'habitude. de mentir, celle.-là doit être tenue. à
l'écart.

69

Copier en complétant :

Quand on me dicte: *Qu'est-ce que vous dites?*
j'écris *ce* par un *c* parce qu'il est mis pour *cela*.
C'est comme si on disait: Qu'est cela que vous
dites?

Quand on me dicte: *Ils se sont rencontrés*, j'écris
se par un *s* parce qu'il est mis pour *eux*. C'est
comme si on disait: ils ont rencontré eux.

Quand on me dicte: *C'est vrai*, j'écris *c'* par un *c*
parce qu'il est mis pour.... C'est comme si on
disait,......

Quand on me dicte : *Ce sera demain fête,* j'écris *ce* par un *c* parce qu'........ C'est comme si........

Quand on me dicte : *Il s'est fait mal,* j'écris *s'* par un *s* parce qu'........

XIII. — **Adjectifs possessifs.** — **Le Verbe** (*Suite*)

70

Mettre au pluriel les mots suivants :

Mon habit.	Ma veste.	Notre maitre.
Leur oncle.	Leur tante.	Sa plume.
Ton cheval.	Votre livre.	Ta dictée.
Ton cousin.	Notre campagne.	Leur récit.
Son travail.	Sa punition.	Votre chapeau.
Notre animal.	Leur chien.	Leur chatte.
Ma maison.	Mon année.	Mon jardin.

71

ces et *ses*

Copier en complétant.

Quand on nous dicte : *Voyez-vous ces arbres,* nous écrivons *ces* par un *c*, parce que ce mot n'indique pas que les arbres appartiennent à quelqu'un. C'est un adjectif démonstratif.

Quand on nous dicte : *Pierre a perdu ses livres,* nous écrivions *ses* par un *s*, parce que ce mot indique que ce sont les livres de Pierre. C'est un adjectif possessif.

Quand on nous dicte : *La poule nourrit ses poussins,* nous écrivons ... par...., parce que ce mot indique que se sont les poussins de........ C'est un........

Quand on nous dicte : *Ces fleurs, que vous voyez, sont déjà fanées,* nous écrivons.... par...., parce que........ C'est un........

72

Quand leur *est devant un nom, il prend un s si le nom est au pluriel, il n'en prend pas si le nom est au singulier. Quand* leur *est devant un verbe, il ne prend jamais* s.

Copier, en remplaçant les points par s *quand il y a lieu, et en les supprimant quand il ne faut pas* s.

Les enfants sages, quand on leur. donne un devoir, mettent tous leur. soins à bien le faire.

Quand on a des oiseaux, il faut nettoyer leur. cage et leur. barreaux chaque jour, et choisir avec soin les graines qu'on leur. donne.

Emile et Jean aiment bien leur. parents, leur. camarades et leur. village.

Pour instruire les enfants, il faut leur. répéter plusieurs fois les mêmes choses.

Les Anglais ont voulu venger leur. défaites en brûlant celle qui les leur. avait infligées.

73

Copier et compléter :

J'ai		Je	partirai demain.
Tu as		Tu	partiras demain.
Il a		Il	partira demain.
Nous avons		Nous	partirons demain.
Vous avez		Vous	partirez demain.
Ils ont		Ils	partiront demain.

Je	viendrai	Je	recevrai
Tu	....	Tu	....
Il	....	Il	....
Nous	....	Nous	....
Vous	....	Vous	....
Ils	....	Ils	....

74

Copier, en remplaçant les points par les lettres qui manquent, ou en les supprimant quand il ne manque rien.

Tu jouera.. quand Pierre sera.. venu.

Je t'écrir.. la semaine prochaine.

Puisque tu a.. bien su ta leçon, tu t'amusera..

Puisque Paul n'a.. pas fait son devoir, il reste... à la maison.

Nous vous écrir.. après-demain, et vous nous répondr.. immédiatement.

Ils reviendron.. dès que nous le leur diron..

Si vous vous appliquez, vous saur.. bientôt lire, et j'en ser.. très heureux.

75

Copier en complétant.

Je suis venu.	J'avais dîné.
Tu... venu.	Tu... dîné.
Il... venu.	Elle... dîné.
Nous... venu..	Nous... dîné.
Vous... venus.	Vous... dîné.
Ils... venu..	Elles... dîné.

Transcrire la colonne de gauche de cet exercice en supposant que c'est une petite fille qui parle, à qui l'on parle et dont on parle, et au pluriel en supposant qu'il s'agit de plusieurs petites filles.

XIV. — **Le sujet. Les personnes du verbe**

76

Copier en complétant :

Quand on dit : *Paul est sage,* qui est sage? C'est *Paul.* Donc *Paul* est le sujet du verbe *est.*

Quand on dit : *Pierre a sommeil*, qui a sommeil?
C'est .... Donc .... est le sujet du verbe *a*.

Quand on dit : *le soleil brille*, qu'est-ce qui brille?
C'est .... Donc .... est le sujet du verbe ....

Quand on dit : *mon ami a raison*, qui a raison?
C'est .... Donc ....

Quand on dit : *le chien a mordu son maît e*, qui
a mordu son maitre? C'est .... Donc ....

77

*Copier, en soulignant deux fois les verbes et une
fois les sujets :*

Le hibou est un oiseau de nuit.

Paul est heureux quand Pierre est récompensé.

Quand vient le soir, le jardinier rentre les fleurs.

Quel courage a mon frère!

Jacques demande quelle réponse vous a faite son
ami.

Aussitôt qu'à l'horizon a paru le soleil, les
voyageurs sont partis.

Combien vous a pris le médecin ?

78

Copier en complétant :

Quand on dit : *je cherche mon père*, le verbe
cherche est à la première personne du singulier,
parce que le sujet est *je*, qui est un pronom de la
première personne du singulier.

Quand on dit : *nous jouons*, le verbe .... est à la ....
personne du ...., parce que le sujet est ...., qui est
un pronom de ....

Quand on dit : *vous perdez votre temps*, le
verbe .... est à la .... personne du ...., parce que le
sujet est.... qui est un pronom de ....

Quand on dit : *je suis premier*, le verbe ....
est à la .... personne du ... . parce que ....

Quand on dit : *elle m'appelle*, le verbe .... est à
la .... personne du ...., parce que ....

79

Copier en complétant :

Quand on dit : *tu as sommeil*, le verbe .... est à
la .... personne du ...., parce que ....

Quand on dit : *Pierre a perdu son livre*, le
verbe .... est à la .... personne du ...., parce que le
sujet est un nom au singulier, Pierre.

Quand on dit : *Marie et Jeanne sont sages*, le
verbe .... est à la .... personne du ...., parce que le
sujet est formé de plusieurs noms, Marie et Jeanne.

Quand on dit : *les chats aiment à jouer*, le verbe
aiment est à la .... personne du .... parce que le
sujet est un nom au pluriel, *les chats*.

Quand on dit : *ceux-ci viennent avec nous*, le
verbe .... est à la .... personne du .... parce que ....

80

*Copier, en soulignant une fois les verbes qui sont
à la 1ʳᵉ personne, deux fois ceux qui sont à la 2ᵉ personne et trois fois ceux qui sont à la 3ᵉ personne.*

Je pars. Ils partent. Paul jouera.

Il arrive. Nous savons. Tu plaisantes.

Vous riez. Je dormais. Il a raison.

On voudrait bien. Nous aimons ceux qui nous
aiment.

La confiture cuit. Tu as tort. Vous verrez.

Nous avons chassé. J'ai couru. Ma mère lit.

Les mouches piquaient. La terre tourne. Il pleut.

XV — Les trois temps essentiels du **verbe**.
L'imparfait.

81

Copier en complétant :

Quand on dit : *Le coq chante*, le verbe *chante* est au présent, parce que le coq chante au moment où on le dit.

Quand on dit : *La cloche a sonné*, le verbe *a sonné* est au passé parce que la cloche a sonné avant le moment où on le dit.

Quand on dit : *Le chien aboiera*, le verbe *aboiera* est au futur parce que le chien aboiera après le moment où on le dit.

Quand on dit : *Le maître parle*, le verbe.... est au...., parce que........

Quand on dit : *Pierre pleurera*, le verbe.... est au...., parce que........

Quand on dit : *Jean a ri*, le verbe.... est au...., parce que........

82

Disposer les verbes qui suivent en trois colonnes : on mettra tous les présents dans la première, tous les futurs dans la seconde, tous les passés dans la troisième.

Je partirai. Tu es resté. Il voulait. Je travaille.
Nous mangeons. Elles chantent. Vous viendrez. On a sonné.
Je savais. Je sais. Je saurai. Tu répondras.
Tu t'amuses. Vous avez dansé. Elle lira. Je lis.

Ils sautent. Il pardonnera. Il a pardonné. Il punissait.

Nous écrirons. Vous le conduirez. Tu cours. Tu as couru.

83

Choisir dans l'exercice 82 les verbes qui sont au passé, et les disposer en deux colonnes, une pour les imparfaits, l'autre pour les passés composés.

84

Mettre au futur tous les verbes de l'exercice 82 qui sont à un autre temps.

Exemple : Je partirai. Tu resteras. Il voudra, etc.

85

Mettre à l'imparfait tous les verbes de l'exercice 82 qui sont à un autre temps.

86

Mettre au passé composé tous les verbes de l'exercice 82 qui sont à un autre temps.

87

Disposer en colonne les dix premiers verbes de l'exercice 82, en indiquant en face de chacun le temps, la personne et le nombre.

Exemple : Je partirai, futur, première personne du singulier.

XVI. — L'infinitif. Les participes.

88

Copier en complétant :

Quand je lis : *ils cherchèrent à jouer*, je vois qu'il y a deux verbes, *cherchèrent* et *jouer*. Le second est à l'infinitif parce qu'il n'a pas de sujet et qu'il se termine par *er*.

Quand je lis : *ils partirent pour aller lire*, je vois qu'il y a trois verbes ...., ... et.... Le second est à.... parce que........ Le troisième est à.... parce que........

Quand je lis : *il faut le voir pour le croire*, je vois qu'il y a trois verbes. *Voir* est à.... parce que.... *Croire* est à.... parce que........

Quand je lis : *vous voulez partir aujourd'hui*, je vois qu'il y a.... verbe.... Le verbe.... est à l'infinitif parce que........

89

Copier en complétant :

L'infinitif du verbe *ils cherchèrent* est *chercher*, parce qu'on dit : il faut chercher.

L'infinitif du verbe *ils partirent* est ...., parce qu'on dit ....

L'infinitif du verbe *il savait* est ... , parce que ......

L'infinitif du verbe *je pourrai* est ...., parce que ....

L'infinitif du verbe *j'ai pris* est ...., parce que ....

L'infinitif du verbe *nous finissions* est ...., parce que ....

L'infinitif du verbe *j'ai acheté* est ...., parce que ....

90

Mettre à l'infinitif tous les verbes qui suivent :

Il amuse. Il cuit. J'écrivais. Tu as lu.

Nous rirons. Vous boirez. Vous savez. Nous avons cru.

Commencez. Finissez. Partez. Revenez.

Il répondit. Tu cousais. Il pendait. Je blanchis.

Nous avons reçu. Nous sautons. Nous courons. Je veux.

J'arroserai. Il brûlait. Ils ont aboyé. Tu obéiras.

Vous rougissez. Il plaisait. Nous connaissons. Vous paraissez.

J'ai perdu. Tu craignais. Il salue. Vous oubliez.

<h3 align="center">91</h3>

Mettre en quatre colonnes, suivant qu'ils se terminent par er, ir oir *ou* re, *tous les infinitifs des verbes de l'exercice précédent.*

<h3 align="center">92</h3>

Mettre au participe présent tous les verbes de l'exercice 90.

On trouve le participe présent en plaçant en *devant le verbe.*

<h3 align="center">93</h3>

Copier en complétant :

Le participe passé du verbe *venir* est *venu*, parce qu'on dit au passé composé : *je suis venu*. Il s'écrit sans consonne à la fin parce que le féminin se prononce comme le masculin : *elle est venue*.

Le participe passé du verbe *prendre* est *pris*, parce qu'on dit : *j'ai pris*. Il s'écrit avec un *s* à la fin parce qu'on dit *prise* au féminin : *une poule prise*.

Le participe passé du verbe *porter* est...., parce qu'ont dit : ... Il s'écrit.... parce que........

Le participe passé du verbe *faire* est...., parce que.... Il s'écrit.... parce que........

Le participe passé du verbe *coudre* est...., parce que.... Il s'écrit.... parce que........

Le participe passé du verbe *ouvrir* est...., parce que.... Il s'écrit.... parce que........

94

Mettre au participe passé tous les verbes de l'exercice 90.

95

Copier, en remplaçant les points par é ou par er suivant que le verbe est au participe passé ou à l'infinitif.

Il veut rire et jou...

Il aime à dans.. et à chant..

Il a chant.. toute la journée.

Quand il s'est amus.., il pense à travaill..

Il faut avoir essay.. de l'amus.. pour savoir combien il est exigeant.

Herboris.., c'est cherch.. des plantes pour les étudi..

Cir.. depuis peu de temps, le parquet est glissant.

On a souvent remarqu.. que les chiens qui aboient le plus ne sont pas toujours ceux qui sont le plus à redout..

Il n'a pas cherch.. à s'en all..

XVII. — Le Conditionnel

96

Copier en complétant :

FUTUR	CONDITIONNEL	IMPARFAIT
Je voudrai	Je voudrais	Je voulais
Tu voudras	Tu voudrais	Tu....
Il....	Il....	Il....
Nous....	Nous....	Nous....
Vous....	Vous....	Vous....
Ils....	Ils....	Ils....

97

Trouver et conjuguer le conditionnel des verbes
ÊTRE, AVOIR, CHANTER, DEVOIR, TENIR.

On commencera par chercher le futur de chacun de ces verbes en disant : « je (serai) demain, etc. ».

98

Copier, en soulignant une fois les imparfaits et deux fois les conditionnels :

Hier je savais cette leçon.

J'aurais de la peine à faire un devoir aussi difficile.

Voudriez-vous me dire si Paul était avec vous.

Je serais désolé de vous déranger.

Nous chantions pendant que les autres travaillaient.

S'il faisait beau temps, nous nous amuserions.

Je te prêterais mes jouets si tu me les demandais.

Je cueillerais des fleurs avec vous si vous vouliez.

99

Copier, en soulignant une fois les futurs et deux fois les conditionnels :

Je partirai si je veux. Je partirais si je voulais.

J'irai vous voir demain. J'irais vous voir bien volontiers.

Je savais qu'il viendrait. Je sais qu'il viendra.

Nous écrirons quand vous voudrez.

Vous voudriez nous voir sages, et nous le serions si nous avions plus de courage.

Dans le cas où mon père et mon frère arriveraient ce soir, nous vous le ferions dire ; mais ils ne partiront probablement pas avant demain.

100

Copier, en remplaçant les points par s *quand c'est un conditionnel, et en les supprimant quand c'est un futur.*

Je saurai. bien répondre si vous m'interrogiez.

Je saurai. bien répondre si vous m'interrogez.

Je vous répondrai. quand vous m'interrogerez. .

Je voudrai. vous promettre dès maintenant, mais je ne pourrai. le faire que demain.

J'aurai. du chagrin si je suis puni.

Si j'étais puni, j'aurai. du chagrin.

Si j'avais écouté l'explication, je ferai. mieux mon devoir.

Je ne sais pas encore ce que je déciderai ., mais je ferai. ce que je pourrai..

XVIII. — Orthographe du pluriel de tous les temps

101

Copier, en remplaçant les points, quand il y a lieu, par s, z, t, nt, *ou* ent. *Lorsqu'on ajoute* z, *il faut supprimer l'accent sur l'é qui précède.*

Prené.. garde à ce que vous dite..

Si vous faite.. le mal, vous en seré.. punis.

Quand les canards fon.. leur promenade, ils s'en von.. par deux.

Il faut que nous sachion.. ce que nos amis son.. devenus.

Pierre et Paul s'ennui.. depuis qu'ils son.. ici. Ils von.. à Paris et parte.. demain. Nous les accompagneron.. à la gare.

Quand nous voulûme.. rentrer, nous trouvâme..

le chemin coupé. Vous fîte.. le tour par le bois. Mais les ennemis pure.. vous empêcher de passer.

Le maître exigeait que les enfants fusse.. toujours exacts.

Les chats y voi.. mieux que nous pendant la nuit.

XIX. — Orthographe des formes du singulier qui se terminent dans la prononciation par un *e*.

102

Copier, en remplaçant les points par s quand le verbe est à la seconde personne, et en les supprimant quand le verbe est à la première ou à la troisième personne.

Il se couvre. la tête.

Je veux que tu m'offre. des gâteaux.

Je cueille. des fleurs dans le jardin.

Il faut que tu sache. que Pierre rentre. aujourd'hui.

Pour que je fusse. satisfait, il fallait que tu fusse. content.

Tu tressaille. quand on te parle..

Il faut qu'il dise., que je dise., que tu dise..

Tu chante. quand je travaille..

Je demande. que tu ouvre. la fenêtre.

XX. — Indicatif et subjonctif.

103

Copier les trois temps suivants, en remarquant l'identité des terminaisons :

On veut que je sorte	On veut que je porte	On veut que je reçoive
On veut que tu sortes	On veut que tu portes	On veut que tu reçoives

On veut qu'il re-
sorte / porte / çoive

On veut qu'il On veut qu'il On veut qu'il re-
   sorte   porte   çoive
On veut que On veut que On veut que nous
   nous sortions   nous portions   recevions
On veut que On veut que On veut que vous
   vous sortiez   vous portiez   receviez
On veut qu'ils On veut qu'ils On veut qu'ils
   sortent   portent   reçoivent

104

Trouver et conjuguer le subjonctif présent des verbes CHANTER, OUBLIER *et* CROIRE, *en mettant « il faut que » devant toutes les personnes.*

105

Trouver et conjuguer le subjonctif présent des verbes FINIR, VOIR *et* RIRE.

106

Copier les deux temps qui suivent, et apprendre par cœur l'orthographe des différentes personnes.

Il faut que je sois   Il faut que j'aie
Il faut que tu sois   Il faut que tu aies
Il faut qu'il soit   Il faut qu'il ait
Il faut que nous soyons   Il faut que nous ayons
Il faut que vous soyez   Il faut que vous ayez
Il faut qu'ils soient   Il faut qu'ils aient.

107

Copier, en remplaçant les points par les lettres qui manquent.

Je veux qu'il ai.. de l'argent et qu'il pai.. ce qu'il achètera.

Il faut qu'il emploi.. bien son temps pour qu'il soi.. joyeux.

Il faut toujours que tu soi.. présent pour que tu le croi..

Mon père souhaite que je soi.. premier, et il tient à ce que je voi.. tout le plaisir qu'il en aurait.

Je demande que tu prenne.. un torchon et que tu essui.. le tableau.

Pour que j'ai.. du courage, il faut que je ne soi.. pas seul, ou que Paul ne soi.. pas loin de moi.

Pierre ne veut pas que la cuisinière tu.. ce poulet.

XXI. — **Orthographe du présent de l'indicatif.**

108

Copier les trois temps qui suivent, et apprendre par cœur les terminaisons du singulier :

Verbes en er	*Verbes en* re, oir, ir	
J'oublie	Je finis	Je dois
Tu oublies	Tu finis	Tu dois
Il oublie	Il finit	Il doit
Nous oublions	Nous finissons	Nous devons
Vous oubliez	Vous finissez	Vous devez
Ils oublient.	Ils finissent.	Ils doivent.

109

Copier et compléter :

Verbe dormir	*Verbe dorer*
Je dor.. de fatigue	Je dor.. un cadre
Tu dor..	Tu dor..
Il dor..	Il dor..
Nous	Nous .....
Vous	Vous .....
Ils	Ils .....

Verbe essuyer	*Verbe instruire*
J'essui..	J'instrui..
Tu essui..	Tu instrui..
Il essui..	Il instrui..
Nous essuyons	Nous ....
Vous essuyez	Vous ....
Ils essuient.	Ils ....

110

Conjuguer l'indicatif présent des verbes SALUER, EXCLURE, ENVOYER, BOIRE.

111

Conjuguer l'indicatif présent des verbes SAVOIR, ESSAYER, LOUER, RÉUSSIR.

112

Conjuguer l'indicatif présent des verbes TRAVAIL- LER *et* TRESSAILLIR, *et le futur des verbes* OUBLIER *et* ROUGIR.

Copier : je vais, tu vas, il va, nous allons, vous allez, ils vont.

113

Copier, en remplaçant les points par les lettres qui manquent, ou en les supprimant quand il y a lieu :

Vous fini.rez votre devoir et vous étudi.rez votre leçon.

Le chien aboi.. quand il croi.. qu'on veu.. lui faire du mal.

Je m'ennui.rai. Je vous condui.rai.

Tu a.. été malade, mais je voi.. que tu te rétabli.. et que tu te fortifi...

Je vai.. te dire comment j'ai.. su que tu étais ici.

Pierre a.. fini ses études, il va.. quitter l'école; il n'y viendra.. plus que deux fois.

Tu va.. m'accompagner, tu me l'a.. promis et tu voudra.. tenir ta promesse.

L'homme honnête ne doit pas haïr les méchants, mais il hai.. le vice. Il ne s'effrai.. pas des menaces. Il se dévou.. pour ses amis. — La soupe bou..

Tu voi.. mal; je veux que tu voi.. mieux.

XXII. — Le passé simple; l'imparfait du subjonctif

114

Quand un verbe est à un temps du passé, et que ce temps n'est pas composé, vous savez qu'on l'appelle IMPARFAIT *s'il se termine par* ais, ais, ait, ions, iez, aient. *S'il se termine autrement, on l'appelle* PASSÉ SIMPLE.

Copier, en soulignant une fois les passés simples et deux fois les imparfaits :

> La cigale ayant chanté
> > Tout l'été
> Se trouva fort dépourvue
> Quand la bise fut venue.
> Elle alla crier famine
> Chez la fourmi sa voisine.
> Que faisiez-vous au temps chaud ?
> Dit-elle à cette emprunteuse. —
> Nuit et jour à tout venant
> Je chantais, ne vous déplaise. —
> Vous chantiez ! j'en suis bien aise.
> Eh bien ! dansez maintenant.

115

Copier et compléter.

On remarquera que les passés simples en AI *s'écrivent au singulier comme le présent du verbe*

AVOIR, *et que les autres se terminent au singulier par* s, s, t, *comme le présent des verbes dont l'infinitif est en* oir, ir.

Je chantai	Je voulus
Tu chantas	Tu voulus
Il chanta	Il voulut
Nous chantâmes	Nous voulûmes
Vous chantâtes	Vous voulûtes
Ils chantèrent.	Ils voulurent.
Je rentrai	Je pris
Tu rentras	Tu....
. . . .	. . . .
. . . .	. . . .
. . . .	. . . .
. . . .	. . . .

116

Copier, en mettant au temps qui convient, — c'est le passé simple, — les verbes qui sont entre parenthèses :

Quand il partit, je lui (faire) mes recommandations.

Quand il partit, tu l' (embrasser) tendrement.

Quand il voulut partir, Paul le (retenir).

Quand ils partirent, nous les (accompagner).

Quand il partit, ses amis (fondre) en larmes.

Trouver ainsi, et conjuguer le passé simple des verbes RECEVOIR *et* VENIR.

117

Trouver et conjuguer le passé simple des verbes *boire, plaire, gagner, ouvrir.*

117 bis

Copier, en remplaçant les points par des s quand le verbe est à l'imparfait, et en les supprimant quand le verbe est au passé simple.

C'était dimanche. Je sortis et j'allai. demander à Paul s'il voulait jouer. Je désirai. beaucoup m'amuser avec lui parce qu'il est très gai.

Comme il avait fini ses devoirs, je l'entrainai. sur la place, où nous jouâmes au ballon.

Il gagnait toujours, parce que je ne savai. pas lancer le ballon. Mais je m'exerçai. tout seul pendant la semaine, et, le dimanche suivant, je pus gagner quelquefois à mon tour.

J'étai. content, et Paul ne se fâchait pas de perdre, car il a bon caractère. Depuis, chaque dimanche, nous fimes ainsi de belles parties, et j'arrivai. enfin à jouer mieux que lui.

118

Copier les deux temps suivants :

Il fallait que je parlasse   Il fallait que je fusse présent
»   que tu parlasses   »   que tu fusses   »
»   qu'il parlât   »   qu'il fût   »
»   que nous parlassions   »   que nous fussions »
»   que vous parlassiez   »   que vous fussiez »
»   qu'ils parlassent.   »   qu'ils fussent   »

XXIII. — L'impératif. Conjugaison de verbes complets

119

Copier, en remplaçant les points par les lettres qui manquent, ou en les supprimant s'il y a lieu :

Aie confiance, sois tranquille ; va te promener.
Obéis, ouvre la porte, pars et n'oublie rien.
N'ai. pas peur. Couvre.-toi. Porte.-toi bien.

Fini. ton pain. Va. t'amuser. Essui. la craie.
Soi. sage. Cour. à l'école. Saute. le ruisseau.
Voi. donc ! Emploi. ton temps. Croi.-moi.
Clou. ce tableau. Résou.-toi à partir. Pardonne.
les offenses.
Ne t'ennui. pas. Instrui.-toi. Copi. cette phrase.

120

Placer en colonne les verbes suivants, en indiquant, en face de chacun d'eux, le temps, la forme de l'infinitif, et, quand il y a lieu, la personne et le nombre.

J'ai parlé. Il faut que vous veniez. Je peins.
Nous comprenons. Revenir. Partir. Il partit.

121

Conjuguer le verbe porter.

On placera les temps dans l'ordre suivant : 1° infinitif, 2° participe présent, 3° participe passé, 4° présent de l'indicatif, 5° imparfait, 6° passé simple, 7° passé composé, 8° futur, 9° conditionnel, 10° impératif, 11° présent du subjontif.

XXIV. — Le complément direct. — Accord du participe.

122

Copier, en complétant :

Quand on dit : *Paul frappe Pierre*, qui frappe ?
C'est Paul. Donc le nom Paul est le sujet du verbe
frappe. Paul frappe qui? — Pierre. Donc le nom
Pierre est le complément direct du verbe *frappe*.
Quant on dit : *Le médecin soigne le malade*, qui
soigne? C'est.... Donc.... est le sujet du verbe....

Le médecin soigne qui? — .... Donc.... est le complément direct du verbe....

Quand on dit : *Louise étudie sa leçon*, qui étudie? C'est..... Donc........ Louise étudie quoi? — .... Donc........

Quand on dit : *Le soleil éclaire la terre*, qu'est-ce qui éclaire? C'est.... Donc.... Le soleil éclaire quoi? — .... Donc........

Quand on dit : *L'enfant dort*, le sujet du verbe.... est.... Il n'y a pas de complément direct.

Quand on dit : *Tournez la tête*, il n'y a pas de sujet. Le complément direct du verbe.... est....

123

Copier, en soulignant une fois les sujets et deux fois les compléments directs :

Le boulanger cuit le pain.

Le boucher coupe la viande.

Le cordonnier fait les souliers.

Mon père a acheté à mon frère un bel habit neuf:

Je connais le chemin. Tu le connais aussi.

Vous nous avez comblés de joie.

Le maître t'a vu : il te punira.

Paul s'est blessé quand il a traversé la haie.

Nous nous sommes rencontrés au milieu de la route.

124

Copier l'exercice 77, en soulignant une fois les sujets et deux fois les compléments directs.

Le verbe être *n'a jamais de complément direct.*

124 bis

Former des phrases avec les mots qui suivent, en

les mettant dans l'ordre convenable, et souligner une fois les sujets et deux fois les compléments directs.

Par la main, petit, son frère, conduit, Paul.

A, de ses livres, soin, Louise.

Méchants, je, ne pas, les enfants, aime.

Nous, gros, sommes amusés, le chien, avec, nous.

On, on, content, son devoir, a fait, est, quand.

Tout, de, la France, son, aimer, cœur, il faut.

En, des récompenses, travaillant, mérite, on, bien.

Amusantes, nous, lire, aimons, des histoires, à.

125

Mettre en colonne les mots des phrases suivantes, en indiquant :

1° Pour les noms, adjectifs et pronoms, le genre et le nombre ;

2° Pour les noms et pronoms, s'ils sont sujets ou compléments directs d'un verbe, et de quel verbe ;

3° Pour les verbes, le temps, la personne et le nombre.

1. Jacques aime ses livres, il les conserve propres.

2. Les fleurs sont humides, la rosée les a mouillées.

126

Quand un participe passé est accompagné de l'auxiliaire être, *s'il se rapporte au sujet du verbe, il s'accorde toujours avec ce sujet ; s'il se rapporte au complément direct du verbe, et si le complément direct est avant le verbe, il s'accorde avec ce complément.*

Copier, en complétant :

Quand on écrit *nous sommes venus,* le participe passé.... est accompagné de l'auxiliaire *être,* et il se rapporte au sujet *nous*, puisque c'est nous qui sommes *venus*. Il faut le faire accorder avec le sujet *nous*, et par conséquent le mettre au masculin pluriel. Si ce sont des femmes qui parlent, on mettra le participe au féminin pluriel : ....

Quand on écrit : *Je me suis fait une blessure*, le participe passé.... est accompagné de l'auxiliaire *être*, et il se rapporte au complément direct.... puisque c'est la blessure qui est faite. Comme le complément direct est après le verbe, il ne faut pas faire accorder le participe avec le complément.

Quand on écrit : *La pluie est tombée*, le participe passé.... est accompagné........, et il se rapporte au...., puisque........ Il faut le faire accorder avec le........ et par conséquent le mettre au....

Quant on écrit : *La blessure que je me suis faite*, le participe passé.... est accompagné de........ et il se rapporte au...., puisque........ Comme le....... est avant le verbe, il faut faire accorder le participe avec ce...., et le mettre au........

127

Quand un participe passé est accompagné de l'auxiliaire avoir, *il ne s'accorde jamais avec le sujet. S'il a un complément direct, et si le complément est placé avant, il s'accorde avec le complément direct.*

Copier en complétant :

Quand on écrit : *Paul a crié*, le participe passé... est accompagné de l'auxiliaire *avoir*, et il n'a pas de complément direct. Par conséquent il est invariable.

Quand on écrit : *J'ai reçu des compliments*, le

participe passé.... est accompagné de l'auxiliaire....,
et le complément direct.... est placé après. Par
conséquent le participe est invariable.

Quand on écrit : *Les compliments que j'ai reçus*,
le participe passé.... est accompagné de l'auxiliaire...., et le complément direct.... est placé avant.
Par conséquent le participe s'accorde avec le complément direct et se met au masculin pluriel.

Quand on écrit : *j'avais bien appris ma leçon et
je l'ai sue*, les deux participes passés.... et.... sont
accompagnés de l'auxiliaire.... Le complément
direct du premier, qui est....., est placé... Par
conséquent ce participe.......... Le complément
direct du second est le pronom *l'*, qui représente
le nom féminin singulier...., et il est placé.... ; par
conséquent..........

128

*Copier en remplaçant les points par les lettres
qui manquent, ou en les supprimant s'il y a lieu.*

La bonne nouvelle que vous nous avez apporté..
est arrivé.. à temps. Elle nous a fait.. grand
plaisir.

Ma mère m'a dit.. : « J'ai bien dormi.., mais je
me suis réveillé.. dès que le coq a chanté .. »

Mon frère et moi, nous avons reçu.. de beaux
jouets, mais nous les avons vite cassé...

Jeanne et Pauline ont dîné.., puis elles sont
parti.., et nous les avons accompagné.. jusqu'au
tramway.

Les gelées sont venu.. trop tôt, elles ont nui..
aux vendanges. On ne les avait pas prévu...

129

Copier, en remplaçant les points, suivant le cas, par l'une des quatre formes es, aies, est, ait.

Puisque tu ... arrivé avant moi, quoique tu ... couru moins vite, il faut que tu sois parti plus tôt.

Pour qu'il ... bien dormi, il faut qu'il ... eu sept heures de sommeil.

Dès que tu ... entré, il s'... réveillé, bien que tu ... marché très doucement.

Pierre a bon cœur, parce qu'il ... content que son ami Paul ... une récompense.

Je souhaite que tu ... réussi ta composition.

Quand tu ... tombé, tu cries toujours quoique tu n'... pas de mal.

APPENDICE

Copies préparatoires à des dictées sur les homonymes et les dérivés.

Le *Puy* est le chef-lieu du département de la Haute-Loire. Le *Puy*-de-Dôme est une montagne qui a donné son nom à un département. L'eau du *puits* est fraîche. Lorsque « puis » veut dire « ensuite », on l'écrit *puis*.

Ce qu'on a fait une *fois*, on peut ordinairement le faire d'autres *fois*. Le *foie* de canard et le *foie* d'oie sont employés à faire des pâtés. La bonne *foi* est sœur de la franchise et de la sincérité.

Les bêtes fauves sont des animaux à *poil* roux. La chaleur du *poêle* est douce et égale. La *poêle* est un ustensile de cuisine.

Les pronoms *moi, toi, soi* s'écrivent toujours sans consonne à la fin. Un *mois* est la douzième partie de l'année. Les couvreurs et les ramoneurs savent se tenir en équilibre sur un *toit*. On appelle *soie* le poil rude de certains animaux et le fil délié produit par le ver à *soie*.

Un *ver* est un animal rampant. On boit dans un *verre*. Quand on copie une poésie, on passe à la ligne après chaque *vers*. Le mot *vers* s'écrit de même quand il signifie « près de ». Le *vert* est une couleur qui repose la vue.

On fait du vinaigre avec la *lie* du vin. On se couche dans un *lit*. La *litière* est le *lit* des animaux.

Le *lis* est une belle fleur blanche. Il y a des tapisseries de haute et de basse *lice*. Les chevaliers entraient dans la *lice* pour combattre. La Fontaine a écrit la fable de « La *Lice* et sa compagne » ; c'est l'histoire d'une chienne ingrate. On dit d'un objet qu'il est *lisse* quand il n'offre au toucher aucune aspérité. Un *lissoir* est un instrument qui sert à *lisser*, c'est-à-dire à rendre lisse.

On enlève facilement une *vis* avec un *tournevis*. *Visser* une planche, c'est la fixer avec des *vis*. Un *vice* est un défaut grave ; on est *vicieux* quand on a des *vices*.

Le *Cher* est un affluent de la Loire. Plus un objet est rare, plus il est *cher*. Les animaux carnassiers se nourrissent de *chair*. Faire bonne *chère*, c'est faire de bons repas. Le professeur monte dans la *chaire* pour donner sa leçon.

Le *renne* est un animal qui ressemble au cerf. Un cavalier conduit son cheval à l'aide des *rênes*, Blanche de Castille a été *reine* de France.

Un *bond* est le saut que fait un animal lorsqu'il *bondit*. On est *bon* quand on ne souhaite du mal à personne.

Le *pin* est un arbre résineux. Il ne faut pas refuser du *pain* aux pauvres. Un tableau bien *peint*. Un bon *peintre*. Une belle *peinture*.

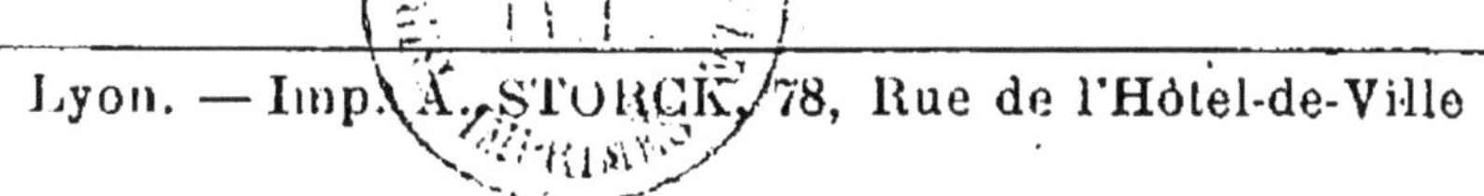

Lyon. — Imp. A. STORCK, 78, Rue de l'Hôtel-de-Ville

9 782016 180044